POR QUÉ NOS GUSTA

# EL BÉISBOL

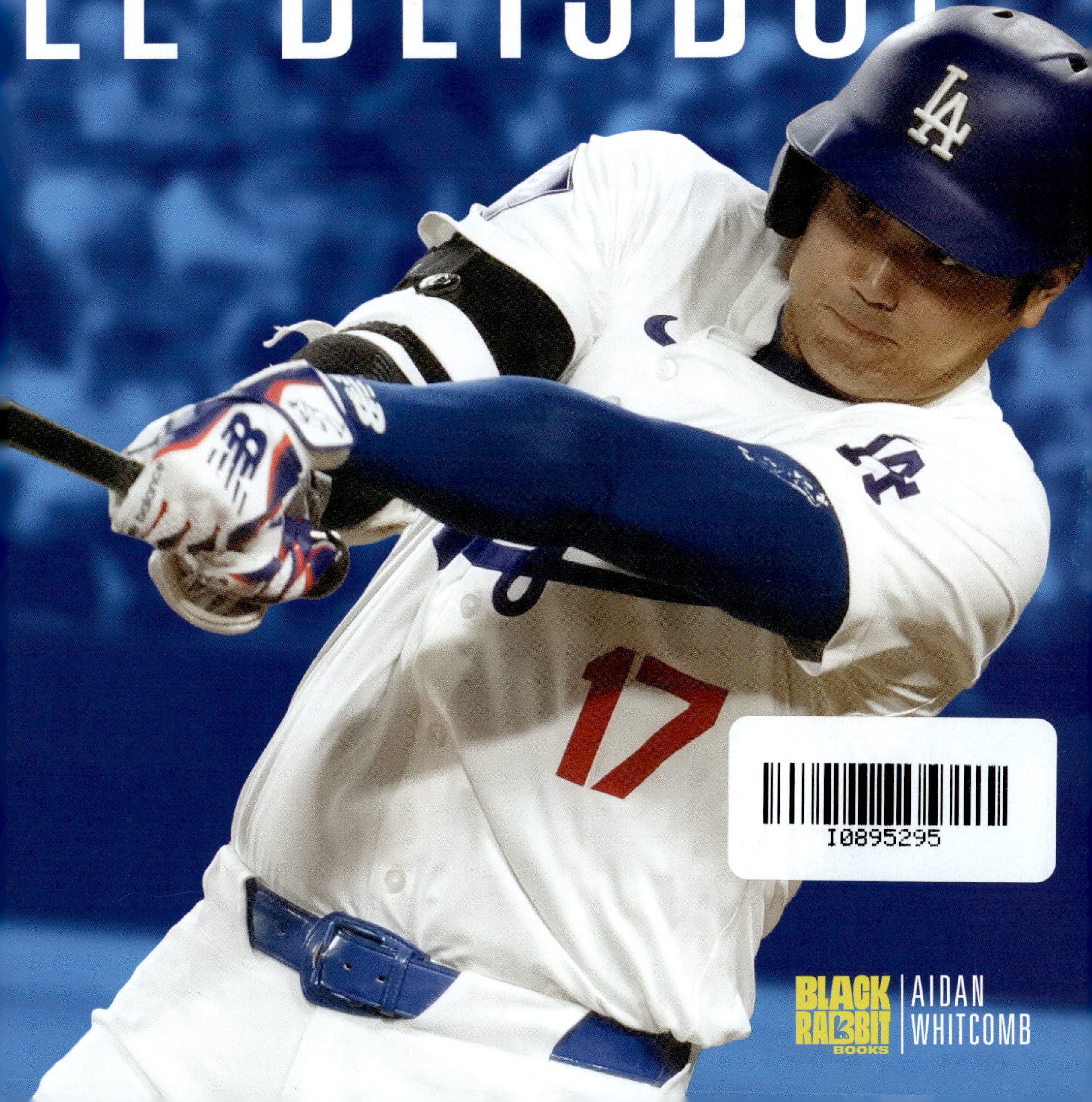



BLACK RABBIT BOOKS | AIDAN WHITCOMB

# TABLA DE CONTENIDOS

1

# El pasatiempo de EE. UU.

El béisbol es uno de los deportes más antiguos de Estados Unidos. Tiene una rica historia que a los aficionados les encanta. Muchas personas lo llaman "el pasatiempo de Estados Unidos". Alexander Joy Cartwright inventó el béisbol en 1845. Desde entonces, mucho ha cambiado.

El primer partido se jugó en 1846. Solo había unos pocos aficionados presentes. Hoy en día, muchos aficionados asisten a los partidos. ¡Algunos equipos de las Grandes Ligas de Béisbol (MLB) tienen un promedio de más de 40,000 aficionados por partido! Y muchos más los ven por televisión.

**Piensa en esto**

Investiga las reglas del béisbol de 1846. ¿Cómo se comparan con las reglas actuales?

2

# Diversión en el estadio

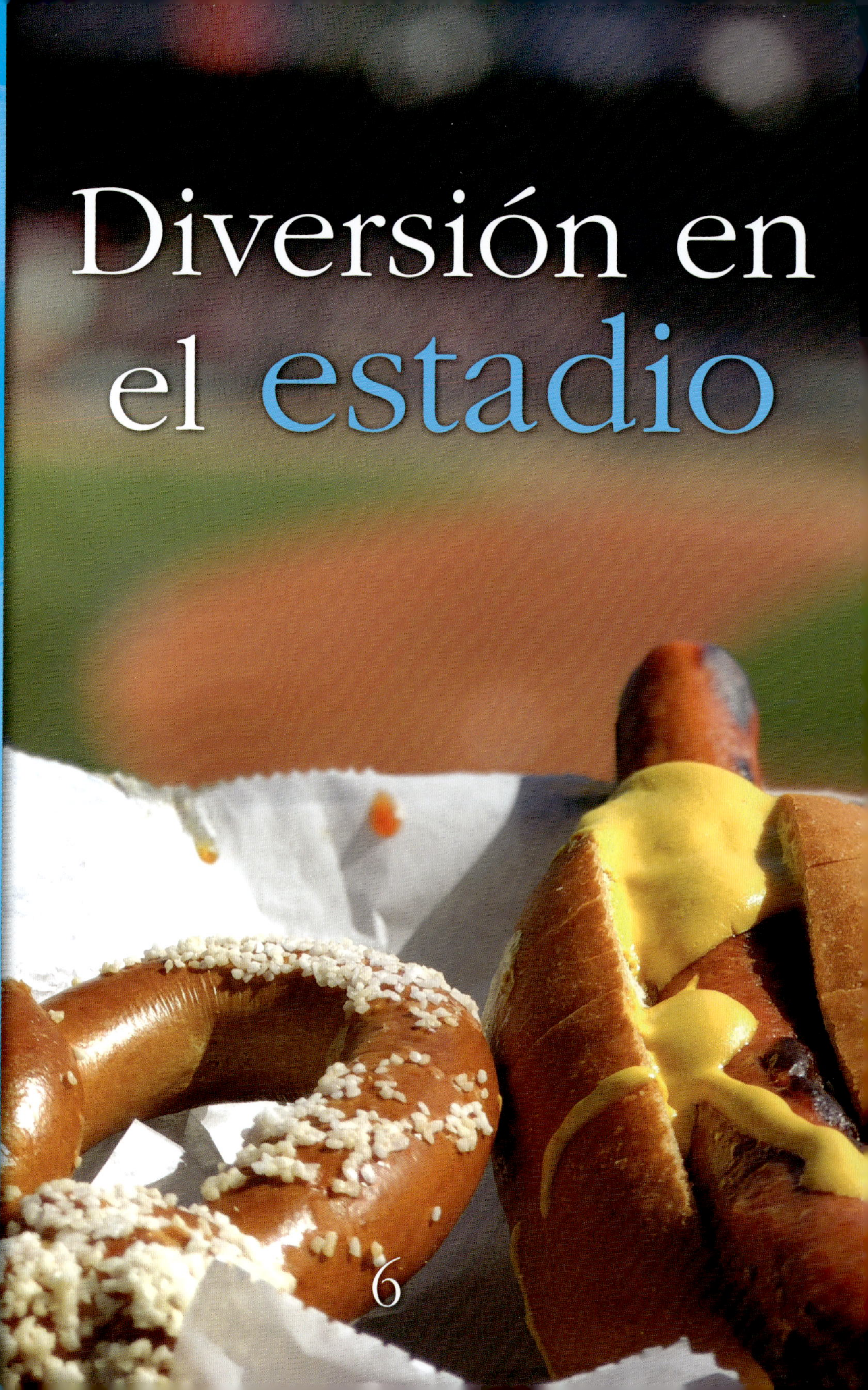

El béisbol es un deporte fantástico para ver en vivo. Toda la familia puede disfrutarlo. Hay mucho que hacer en un partido. Hay música y comida. Los hot dogs y el maní son aperitivos clásicos en el estadio. ¡También puedes intentar salir en la cámara de baile! Si tienes suerte, podrías atrapar una bola foul. Puedes llevártela a casa como souvenir.

Es una tradición cantar "Take Me Out to the Ball Game" en los partidos. Los aficionados lo cantan durante la séptima entrada.

¿Sabías que...?

Los aficionados pueden coleccionar tarjetas de sus jugadores favoritos. La mayoría de los jugadores incluso firman las tarjetas.

3

# Los mejores del béisbol

Aaron Judge

**¿Sabías que...?** En 2022, Aaron Judge bateó 62 jonrones. Solo tres jugadores han logrado más en una temporada.

A muchos aficionados les encantan los jugadores superestrellas de la MLB. Ronald Acuña Jr. es uno de ellos. Juega para los Atlanta Braves. Los aficionados admiran su energía. Juega con mucha emoción. Acuña Jr. realiza atrapadas impresionantes lanzándose en el campo central.

A los aficionados también les gusta ver al estelar **bateador** Aaron Judge. Juega para los New York Yankees. Judge

es un jugador muy alto. Mide 6 pies y 7 pulgadas (2 metros). Tiene una fuerza impresionante. Batea jonrones muy largos.

*Ronald Acuña Jr.*

Jarren Duran

# 4 Jugadas defensivas brillantes

La defensa es una parte fundamental del béisbol. A los aficionados les encanta ver grandes jugadas defensivas. Los jugadores de campo se lanzan para detener la pelota. Los jardineros saltan para atrapar la pelota. ¡A veces incluso evitan jonrones!

El Premio Guante de Oro se otorga a los mejores jugadores defensivos. Un gran jugador defensivo es Nolan Arenado. Compite para los St. Louis Cardinals. Juega como tercera base. Ha ganado 10 Premios Guante de Oro.

*David Wright*

**Piensa en esto**

¿Qué crees que es más difícil? ¿Batear largos jonrones o hacer atrapadas espectaculares?

# 5 Un deporte mundial

El béisbol se juega en todo el mundo. Muchas superestrellas de la MLB son de otros países. Roberto Clemente fue un fantástico jardinero derecho. Era de Puerto Rico. Ayudó a hacer popular este deporte allí. Jugó desde 1955 hasta 1972 para los Pittsburgh Pirates.

Shohei Ohtani es una estrella mundial. Es de Japón. Juega para Los Angeles Dodgers. Ohtani es un jugador único. Es tanto lanzador como bateador. ¡Ha ganado dos premios **MVP**!

*Shohei Ohtani*

*Roberto Clemente*

**¿Sabías que...?**

Ichiro Suzuki, de Japón, tiene 4,367 hits en su carrera en el béisbol profesional. ¡Es la mayor cantidad de la historia!

# 6 Atletas estrella

El fin de semana de las estrellas es un momento emocionante de la temporada de béisbol. Los aficionados votan a sus jugadores favoritos. Los ganadores van al Partido de las Estrellas. Allí están todos los mejores jugadores. Hay al menos un jugador de cada equipo.

¿Sabías que...? En 2023, Vladimir Guerrero Jr. ganó el

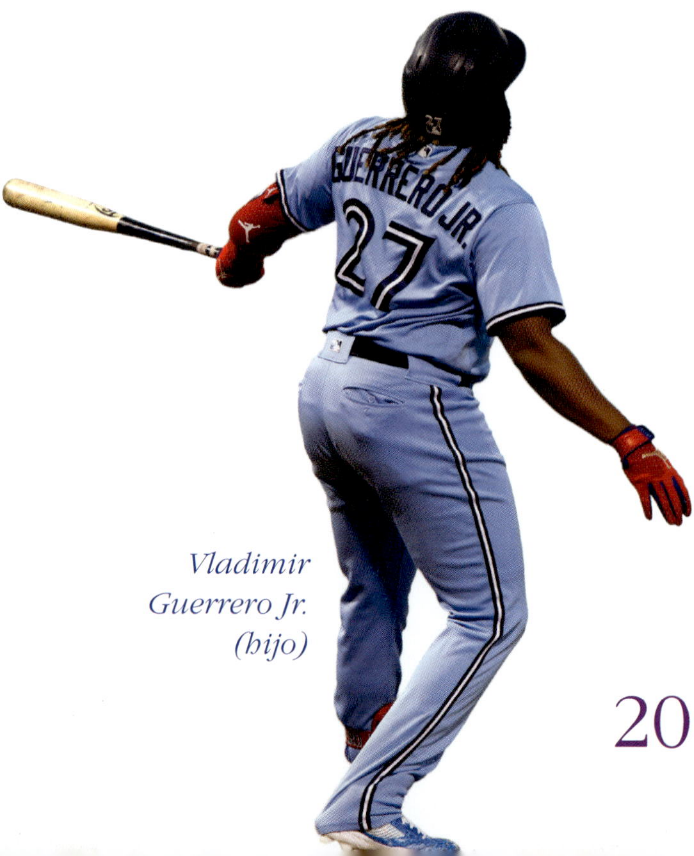


*Vladimir Guerrero Jr. (hijo)*

Algunos jugadores compiten en el Home Run Derby. Los jugadores tratan de batear tantos jonrones como sea posible. Es impresionante lo lejos que pueden mandar la pelota. ¡En 2021, Juan Soto bateó un jonrón de 520 pies (158 metros)! Es el más largo en la historia del Derby.

Home Run Derby. Su padre también lo ganó 16 años antes.

*Vladimir Guerrero (padre)*

# MÁS PARA EXPLORAR

# DATOS FANTÁSTICOS

Los New York Yankees ganaron la mayor cantidad de Series Mundiales, con 27 victorias.

¡Una tarjeta de béisbol de Mickey Mantle de 1952 se vendió por USD 12.6 millones en una subasta!

Aroldis Chapman lanzó una bola a 105.8 millas por hora (170.3 km/h) en 2010. ¡Es el lanzamiento más rápido en la historia de la MLB!

El juego más largo duró 33 entradas en 1981. Fue un juego de ligas menores entre los Pawtucket Red Sox y los Rochester Red Wings.

Una pelota de béisbol está hecha con 108 puntadas.

En cada juego de la MLB se utilizan entre 90 y 120 pelotas de béisbol.

### MÁS PARA EXPLORAR

# COMPARACIONES INTERESANTES

## ¿Quiénes batearon los jonrones más largos en la historia de la MLB?

**BABE RUTH**
(1921)
575 pies (175 m)

**MICKEY MANTLE**
(1953)
565 pies (172 m)

**REGGIE JACKSON**
(1971)
539 pies (164 m)

**ADAM DUNN**
(2004)
535 pies (163 m)

**WILLIE STARGELL**
(1978)
535 pies (163 m)

MÁS PARA EXPLORAR

# RECURSOS

## Glosario

**bateador** Un jugador que batea una gran cantidad de jonrones.

**clásico** Algo que ha sido popular durante mucho tiempo.

**defensa** Los jugadores de un equipo que tratan de evitar que el otro equipo anote.

**evitar** Impedir que alguien consiga algo esperado o deseado.

**MVP** Un premio otorgado al mejor jugador de la liga cada temporada; en inglés, MVP significa "jugador más valioso".

**pasatiempo** Una actividad que disfrutas hacer en tu tiempo libre.

**souvenir** Algo que se guarda como recuerdo.

## Índice alfabético




TOP RANK es publicado por Black Rabbit Books, P.O. Box 227, Mankato, MN, 56002.



• Top Rank un sello de Black Rabbit Books • Diseño de Danny Nanos • Fotografías © Associated Press/Ashley Landis, cover, 1; Getty Images/Bettmann, 5, Daniel Shirey, 8–9, 19, Matthew J. Lee/The Boston Globe, 12–13, Rich von Biberstein/Iron Sportswire, 10–11, Tim Clayton – Corbis, 4–5; Shutterstock/Alisha Shamshad, 15, Aun-Juli Riddle, 21, Conor P. Fitzgerald, 2, 16, 20, Dan Thornberg, 3, 20, 21, 23, Debby Wong, 14, Desmond Adkins, 6, Dima Zel, 15, DJTaylor, 7, neftali, 17, nopparada samrhubsuk, 18, Snap2Art, 23, Vanessa Belfiore, cover, 1; Wikimedia Commons/Ken Lund, 13 • Impreso en India.

**Library of Congress Cataloging-in-Publication Data:** Names: Whitcomb, Aidan, author. | Title: Por qué nos gusta el béisbol / by Aidan Whitcomb. | Other titles: Why we love baseball. Spanish | Description: Mankato, MN: Top Rank is an imprint of Black Rabbit Books, [2026] | Series: Por qué nos gustan los deportes | Includes index. | Ages 8–11 | Grades 2–3 | Identifiers: LCCN 2024054652 (print) | LCCN 2024054653 (ebook) | ISBN 9781644669747 (lib. bdg.) | ISBN 9781644669884 (paperback) | ISBN 9781645824442 (ebook) | Subjects: LCSH: Baseball—United States—Juvenile literature. | Baseball players—United States—Juvenile literature. | Major League Baseball (Organization)—Juvenile literature. | Classification: LCC GV867.5 .W448518 2026 (print) | LCC GV867.5 (ebook) | DDC 796.357/640973—dc23/eng/20241224